CÉCILE & CHRISTOPHE BERG

ENERGIERIEGEL – VEGAN
GRÜNE PROTEINE FÜR MEHR KRAFT UND AUSDAUER

Titel der französischen Originalausgabe: Du bonheur en barres. Barres proteinées faites maison, © Éditions La Plage, Paris 2012, Fotos von Éric Fénot (inkl. Cover-Vorder- und Rückseite), grafische Gestaltung von Delphine Brunet

Umschlaggestaltung:
DSR Werbeagentur Rypka GmbH, Thomas Hofer, 8143 Dobl, www.rypka.at

Aus dem Französischen übertragen von Mag. Claudia Binder

Der Inhalt dieses Buches wurde von der Übersetzerin und vom Verlag nach bestem Wissen überprüft; eine Garantie kann jedoch nicht übernommen werden. Die juristische Haftung ist daher ausgeschlossen.

Bibliografische Information der Deutschen Nationalbibliothek
Die Deutsche Nationalbibliothek verzeichnet diese Publikation in der Deutschen Nationalbibliografie; detaillierte bibliografische Daten sind im Internet über http://dnb.d-nb.de abrufbar.

Hinweis:
Dieses Buch wurde auf chlorfrei gebleichtem Papier gedruckt. Die zum Schutz vor Verschmutzung verwendete Einschweißfolie ist aus Polyethylen chlor- und schwefelfrei hergestellt. Diese umweltfreundliche Folie verhält sich grundwasserneutral, ist voll recyclingfähig und verbrennt in Müllverbrennungsanlagen völlig ungiftig.

Auf Wunsch senden wir Ihnen gerne kostenlos unser Verlagsverzeichnis zu:
Leopold Stocker Verlag GmbH
Hofgasse 5/Postfach 438
A-8011 Graz
Tel.: +43 (0)316/82 16 36
Fax: +43 (0)316/83 56 12
E-Mail: stocker-verlag@stocker-verlag.com
www.stocker-verlag.com

ISBN 978-3-7020-1531-2

Layout und Repro: DSR Werbeagentur Rypka GmbH, 8143 Dobl
Druck: Druckerei Theiss GmbH, 9431 St. Stefan
Printed in Austria

CÉCILE & CHRISTOPHE BERG

ENERGIE
RIEGEL
VEGAN

GRÜNE PROTEINE FÜR MEHR KRAFT UND AUSDAUER

LEOPOLD STOCKER VERLAG

GRAZ – STUTTGART

INHALTSVERZEICHNIS

VORAB EIN BISSCHEN TECHNIK

RIEGEL MIT TROCKENFRÜCHTEN UND NÜSSEN

KLEINE EIWEISS-MAHLZEITEN FÜR UNTERWEGS

VOLLWERT-NASCHEREIEN – GETREIDE-RIEGEL

VOM GROSSEN
GLÜCK
IN KLEINEN
RIEGELN

❖❖

… oder wie man sich selbst mit von Natur aus nährstoffreichen Produkten etwas Gutes tut. Ein selbst gemachter Bio-Energieriegel bedeutet geballte Gaumenfreude aus natürlichen, vollwertigen Zutaten. Er eignet sich hervorragend zum Mitnehmen, ist unkompliziert aufzubewahren und dient zu jeder Tageszeit als ausgewogener Imbiss. So eine „kleine Sünde" können Sie sich ganz ohne schlechtes Gewissen (von nun an) öfters gönnen. Sorgen Sie auf spielerische Art für Abwechslung, bedienen Sie sich der ganzen Vielfalt an Geschmäckern, um Monotonie zu vermeiden und eine ausgewogene Nährstoffzufuhr zu erzielen.

DIE VIELFALT IST DER SCHLÜSSEL ZUM GLÜCK

Unsere Müsliriegel bestehen zu 100 % aus pflanzlichen Zutaten und sind somit von Natur aus laktosefrei, cholesterinfrei und glutenfrei. Außerdem enthalten sie weder Soja noch hochverarbeitete Produkte wie raffinierten Zucker oder Weißmehl. Die ausgewählten Zutaten, wenn möglich in Bio-Qualität, haben ein gutes Nährwertprofil und versorgen den Körper mit Kohlenhydraten und Ballaststoffen (für eine gleichmäßige, langanhaltende Energieversorgung), hochwertigem Eiweiß, essenziellen Fettsäuren sowie wertvollen Mikronährstoffen und Vitaminen. Man findet diese Zutaten meist problemlos als offene Ware im Bioladen. In jedem Rezept spielen außerdem andere Zutaten die Hauptrolle, diese Vielfalt ermöglicht es, sich auf angenehme Art ausgewogen zu ernähren.

Da wir am liebsten kleine Mengen zubereiten, ist der Großteil der Rezepte für eine Person gedacht. Die Riegel wiegen zwischen 60 und 150 g und können in mehrere Portionen geteilt werden. So lässt sich die Ernährung jedes Einzelnen in der Familie, gemäß den Bedürfnissen, speziellen Ernährungsvorschriften, Intoleranzen oder Allergien, individuell gestalten. In unseren Augen gibt es auch nicht den EINEN „ultimativen" Energieriegel, sondern vielmehr eine Vielzahl wunderbarer Rezeptvorschläge, die Sie je nach Lust und persönlichem Geschmack abwandeln können.

Jedes der drei folgenden Kapitel liefert Ideen für selbst gemachte Energieriegel, die gezielt einen Zweck erfüllen: die einen bekämpfen den kleinen Hunger im Laufe eines Arbeitstages, andere helfen, beim Radfahren einer Hungerattacke vorzubeugen oder liefern Energie nach einem Tag am Strand, wieder andere bringen Abwechslung in die eigene Pausenbox oder jene der Kinder ...
Lassen Sie sich inspirieren von:

... RIEGELN MIT TROCKENFRÜCHTEN UND NÜSSEN

Sie sind bekömmlich und energiereich und können vor oder während dem Training genossen werden. Sie sind speziell an die Anforderungen von Sportlern und sportlichen Menschen angepasst und sorgen bei Outdoor-Aktivitäten wie einem Tag am Strand, einer Wanderung in den Bergen, einer Radtour oder einer Trail-Running-Einheit im Wald für die nötige Ausdauer.

... „KLEINEN MAHLZEITEN FÜR UNTERWEGS" mit pflanzlichem

Eiweiß. Diese Riegel eignen sich sowohl als ausgewogener, eiweißreicher Snack zum Mitnehmen als auch als Frühstück für unterwegs, fürs Picknick, als Imbiss fürs Büro oder zum In-die-Handtasche-Stecken, für den Fall, dass tagsüber plötzlich der Heißhunger zuschlägt.

... „VOLLWERT-NASCHEREIEN" aus Getreide, die den Kleinen zum

Frühstück, in der Pause, zum Nachmittagsimbiss oder zum Tee eine Freude machen und den Erwachsenen, wenn sich spontan Besuch ankündigt.

DIE KLEINEN FREUDEN DES KOCHENS (FÜR) UNTERWEGS

Ein Großteil der Rezepte erfordert nur wenige Geräte und Utensilien, bestimmte Riegel können ohne Backen nahezu überall zubereitet werden (selbst weit entfernt vom Luxus einer ausgestatteten Küche). Im Zuge unserer Reisen, Ausflüge und Touren bereiten wir unsere Energieriegel mit den gerade verfügbaren Mitteln zu: lokal erhältliche Produkte, ein Messer, ein Löffel und eine Tasse als Form. Nicht selten benutzen wir die Minibar im Hotel, um die Riegel kühl zu lagern. Gerade Reisen bieten die Gelegenheit, die wunderbare Einfachheit der „mobilen" Küche und das Formen von Hand für ein köstliches, ausgewogenes Resultat schätzen zu lernen. Die Riegel sind praktisch zum Mitnehmen, sie lassen sich in eine Tüte verpacken oder in Butterpapier einwickeln. Kochen unterwegs lebt von Improvisationen und erlaubt es, spielerisch hervorragende, regionale Produkte zu entdecken und so neue Geschmäcker kennenzulernen. Diese einfache Art zu kochen praktizieren wir auch zu Hause, um unsere Mahlzeiten für den Sport zuzubereiten.
Jetzt sind Sie an der Reihe, sich etwas Gutes zu tun! Gehen Sie ans Werk und entdecken Sie vergessene Produkte und einfache Freuden wieder. Wie wäre es zum Beispiel, wieder einmal in eine Mandel zu beißen, die sich in einer getrockneten Aprikose versteckt? Viel Spaß beim Lesen und guten Appetit!

TIPP: GETREIDEKÖRNER RÖSTEN ZUR ENTFALTUNG DES AROMAS

Ursprünglich nur eingesetzt, um die Konservierung zu erleichtern, kommen durch leichtes Rösten des Getreides auch Geschmack und Aroma besonders gut zur Geltung. Einige traditionelle Mehlsorten werden aus gerösteten Getreidekörnern hergestellt und erhalten so eine schöne Färbung und einen karamellartigen Geschmack. In Frankreich werden bei der Kastanienmehl-Produktion nach der korsischen Methode (AOC = kontrollierte Herkunftsbezeichnung) sogar die Kastanien getrocknet und in einem leer vorgeheizten Ofen gebrannt, bevor sie gemahlen werden. In Spanien ist das Mehl aus gerösteten Körnern, insbesondere aus Mais, als Gofio bekannt.

Das Rösten der Getreidekörner zur Entfaltung ihres Aromas ist einer unserer Lieblingstricks für Energieriegel mit besonders tollem Geschmack – es ist also wenig überraschend, dass Sie ihn oft in unseren Rezepten wiederfinden werden. Und so funktioniert's:

• Körner in einer trockenen Pfanne auf kleiner Flamme goldbraun rösten
Diese Methode wird für rote Linsen, Buchweizen (der geröstet „Kascha" genannt wird), Reis, Quinoa und Amarant sowie für Sonnenblumenkerne, Kürbiskerne und Sesam angewendet. Achtung beim Rösten kleiner Getreidekörner oder Samen – diese sollen nicht komplett durchgeröstet werden. Die Platte ausschalten, sobald es zu knistern beginnt. Die goldbraun gerösteten Körner können Sie anschließend selbst zu Mehl vermahlen.

• Körner mit einer Kaffeemühle oder in einem Standmixer mahlen
Das Rösten der Getreidekörner und Nüsse ist auch das Geheimnis des köstlichen Geschmacks unseres selbst gemachten Knuspermüslis (siehe Seite 51).

Tipp: VERWENDUNG EINES DESSERTRINGS
für im Ofen gebackene Riegel

Um die Riegel zu formen, bevor sie im Ofen gebacken werden, verwenden wir Speise- bzw. Dessertringe aus rostfreiem Stahl in runder oder eckiger Form, Tropfenform usw.

SCHRITT FÜR SCHRITT:
ZUBEREITUNG EINES ENERGIERIEGELS OHNE BACKEN

Diese Schritt-für-Schritt-Anleitung beschreibt die Grundzüge der Herstellung eines kalt zubereiteten Riegels. So werden Sie mit den in den Rezepten verwendeten Begriffen und den wenigen Utensilien, die wir üblicherweise benutzen, vertraut. In der Regel bereiten wir unsere Riegel am Vorabend und in kleinen Mengen (100 g, 150 g) zu, um diese, wie es Transport oder Aufbewahrung erfordern, später in Stücke zu schneiden. Bei der Zubereitung ohne Backen muss besonders auf die Hygiene geachtet werden.

1. AUSWIEGEN, MISCHEN UND FORMEN

Eine Küchenwaage kann nützlich sein, aber mit ein bisschen Erfahrung kann man – besonders unterwegs – darauf verzichten und sich auf das Augenmaß verlassen. Die Zutaten werden mit den Utensilien, die man zur Verfügung hat (Glas, Tasse …), im richtigen Verhältnis zueinander abgemessen und nach und nach vermengt, um sich so Stück für Stück an die gewünschte Konsistenz heranzuarbeiten.

Nüsse oder Körner lassen sich in einer Kaffeemühle oder in einem Standmixer mahlen. Zum groben Zerteilen von Nüssen oder Körnern einen Mörser verwenden. Getrocknete Früchte mit einem Messer hacken oder mit einer Schere zerkleinern. Um fein zu hacken oder zu mahlen, eine Küchenmaschine mit Doppelschlagmesser verwenden. Um grob zu hacken, die Impulsfunktion der Küchenmaschine verwenden (mit dem gleichen Messer). Zum Pürieren einen Standmixer verwenden, denn dieser verfügt über einen Motor, der stark genug ist, um Früchte oder Nüsse zu zerkleinern und zu einer glatten, homogenen Masse zu verarbeiten.

Die Masse anschließend mit einem Löffel oder der feuchten Hand in eine Form drücken, um einen kompakten Riegel zu formen. Als Formen eignen sich: Auflaufformen, rechteckige, flache Formen (aus Keramik oder Glas), Vorratsdosen mit Deckel, Schüsseln mit flachem Boden, Tassen, Eiswürfelformen, flexible Silikonformen …

2. RASTEN LASSEN

Den geformten Riegel kühl stellen, damit er fest wird und sich sein Aroma entfalten kann (2–12 Stunden).

3. AUFBEWAHREN UND TRANSPORTIEREN

Jedes Rezept beinhaltet die Rubriken „Aufbewahrung" und „Transport" mit speziellen Angaben für den betreffenden Riegel. Im Allgemeinen ist es wichtig, die Haltbarkeitsdaten auf den Verpackungen der Zutaten zu beachten. Sehr oft schützen wir unsere Riegel in Backpapier eingewickelt, in einer Tüte oder einfach in einer dicht verschlossenen Dose. Einige andere Ideen für den Transport Ihrer Riegel: Vorratsbox mit Deckel, Plastiktüte mit Zip-Verschluss, Minitütchen aus Fettpapier, Frischhaltefolie (oder auch Alufolie).

RIEGEL
MIT TROCKENFRÜCHTEN
UND
NÜSSEN

FEIGENBROT
MIT
MANDELN

◇ ◇ ◇ ◇ ◇ ◇ ◇ ◇ ◇ ◇ ◇ ◇ ◇ ◇ ◇ ◇ ◇ ◇ ◇ ◇

Feigenbrot ist der Beweis dafür, dass Energieriegel nicht in den USA erfunden wurden. Diese Spezialität kommt nämlich aus Coín, einer Stadt in der Provinz Malaga in Spanien, und ist auf der gesamten Halbinsel bis nach Portugal und auf den Kanarischen Inseln bekannt. Die vollwertigen „Brote" sind praktisch zum Mitnehmen und begleiten seit jeher Aktive und Weltenbummler. Heute ist ihre Zubereitung aus natürlichen Zutaten und ohne Backen mit dem Trend der Bio-Energieriegel für Sportler wieder in Mode gekommen. Unsere Abwandlung des Feigenbrotes hält sich an das Zutatenverhältnis des Originalrezepts mit zwei Teilen Feigen für einen Teil Mandeln. Zur Zubereitung braucht man nur ein Messer und einen Löffel. Es gab also auch eine Kochkultur vor der Küchenmaschine!

───────────●───────────

Für 1 „kleines Brot" • Wartezeit: 1 Nacht im Kühlschrank • Zubereitung: 10 Minuten • Ohne Backen

ZUTATEN
80 g getrocknete Feigen • abgeriebene Schale von 1 Bio-Orange • 1 EL Zimt, gemahlen • 40 g Mandeln

───────────●───────────

ZUBEREITUNG
- Die Feigen mit dem Messer fein hacken. In eine Schüssel geben. Die Schale der Orange darüberreiben und den Zimt zugeben.
- Die Mandeln mit dem Messer hacken. In der Schüssel mit den Feigen vermischen.
- Die Masse in eine Form füllen. Festdrücken und mit einem Löffel glatt streichen, sodass ein kompaktes „Brot" entsteht.
- Abdecken und über Nacht im Kühlschrank rasten lassen.

TIPP: Sie können Feigen und Mandeln auch in der Küchenmaschine pürieren, das „Brot" wird dadurch homogener, aber nicht so knusprig.

AUFBEWAHRUNG: Das Feigenbrot in einem dicht verschließbaren Behälter aufbewahren. Die Haltbarkeit entspricht dem Mindesthaltbarkeitsdatum auf der Verpackung der getrockneten Feigen. Wir bereiten lieber kleine Brote zu, die im Kühlschrank etwa eine Woche haltbar sind.

TRANSPORT: Das Feigenbrot zum Mitnehmen in eine Tüte oder in einen Vorratsbehälter geben. Für den Transport in einzelnen Portionen: nach einer Nacht im Kühlschrank das Feigenbrot aus der Form nehmen und in Riegel schneiden. Die einzelnen Riegel in Fettpapier einwickeln und/oder in eine Tüte geben.

ENERGIE BONBONS

◇ ◇ ◇ ◇ ◇ ◇ ◇ ◇ ◇ ◇ ◇ ◇ ◇ ◇ ◇ ◇ ◇ ◇

Diese Bonbons (zum Lutschen oder zum Kauen) haben wir uns nach einem Ausflug bei Kälte und dichtem Nebel auf einer der Aaland-Inseln (zwischen Schweden und Finnland) ausgedacht. Man schätzt sie mit einem warmen Getränk als Verpflegung beim Laufen in der Natur oder genießt sie gemütlich im Warmen zum Tee. Dieses Rezept ohne Backen vereint zu gleichen Teilen eine Trockenfrucht (reich an komplexen Kohlenhydraten, Vitaminen und Ballaststoffen) und ein Getreide (als Quelle für essenzielle Fettsäuren, pflanzliche Proteine, Phytosterole und Mikronährstoffe), verfeinert mit einem würzigen Zimt-Touch.

— ● —

Für 6 Bonbons • Wartezeit: 1 Nacht im Kühlschrank • Zubereitung: 10 Minuten • Ohne Backen

ZUTATEN
30 g getrocknete Datteln • 30 g Pinienkerne • 1 TL Zimt, gemahlen

— ● —

ZUBEREITUNG
- Die Datteln entkernen, hacken und in den Mixbehälter der Küchenmaschine geben. Pinienkerne und Zimt zugeben. Mit der Impulsfunktion pürieren, bis eine körnige und etwas klebrige Masse entsteht.
- Die Masse in eine Eiswürfelform aus Silikon füllen. Festdrücken.
- Über Nacht im Kühlschrank festwerden lassen.

AUFBEWAHRUNG: Die Bonbons sind eine Woche im Kühlschrank haltbar, entweder in der Eiswürfelform oder – aus der Form gelöst – in einer dicht verschließbaren Dose.

TRANSPORT: Die Bonbons eignen sich perfekt für den Transport in der Lunchbox oder in einer Tüte. Achtung, sie reagieren empfindlich auf hohe Temperaturen und neigen dazu, im Warmen wieder weich zu werden.

LIMETTEN RIEGEL MIT INGWER

❖ ❖ ❖ ❖ ❖ ❖ ❖ ❖ ❖ ❖ ❖ ❖ ❖ ❖ ❖ ❖ ❖

Während eines langen Ausflugs oder einer Wanderung in der freien Natur ist es wichtig, fit und wach zu bleiben, wenn man sich nicht verirren will. Dieser Limettenriegel hilft Ihnen, den Überblick zu behalten, unabhängig vom Gelände, in dem Sie sich bewegen und von den Wetterbedingungen. Cashewkerne sind weich, sie lassen sich leicht mit den getrockneten Aprikosen mixen und verleihen diesen belebenden Häppchen eine homogene, cremige Konsistenz – zum sofort Genießen oder zum Mitnehmen, wenn eine Anstrengung bevorsteht.

───────●───────

Für 1 Riegel mit 100 g zum Aufschneiden • Wartezeit: 1 Nacht im Kühlschrank • Zubereitung: 10 Min. • Ohne Backen

ZUTATEN

50 g Cashewkerne • 50 g getrocknete Aprikosen • 1 cm frischer Ingwer • Saft und Schale von 1 Limette, unbehandelt

───────●───────

ZUBEREITUNG

- Die Cashewkerne mahlen. Beiseitestellen.
- Die Aprikosen und den Ingwer hacken, in den Mixbehälter der Küchenmaschine geben. Limettensaft und -schale zugeben. Mixen. Die Masse in eine Schüssel geben.
- Die gemahlenen Cashewkerne zugeben. Vermischen. Die Masse in eine Form drücken, um einen kompakten Riegel zu erhalten.
- Abdecken und über Nacht im Kühlschrank rasten lassen.

AUFBEWAHRUNG: Dieser Riegel ist, gut verschlossen, in seiner Form eine Woche im Kühlschrank haltbar.

TRANSPORT: In kleine, verführerische Quadrate geschnitten, lässt sich der Riegel unkompliziert in einer Tüte mitnehmen, ohne zu zerbröseln.

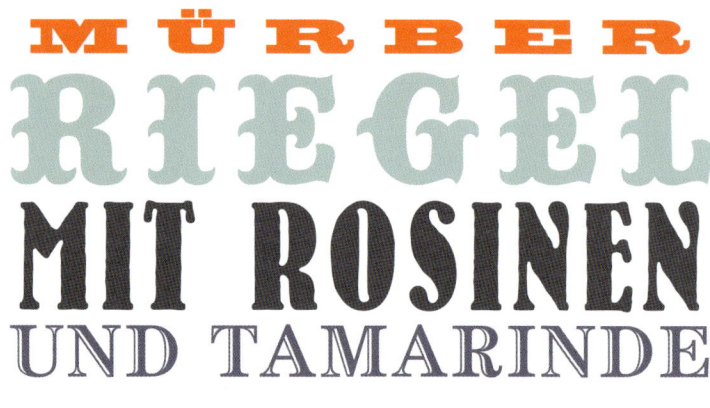

MÜRBER RIEGEL MIT ROSINEN UND TAMARINDE

Tamarinde oder „indische Dattel" ist eine getrocknete, tropische Frucht mit leicht säuerlichem Geschmack. Aus den braunen Schoten wird das rote Fruchtfleisch gewonnen, das, nachdem die Kerne entfernt wurden, in Form einer Paste Verwendung findet. Wir kombinieren Tamarinde in diesem Energieriegel mit dem vollen Geschmack der Kokosnuss. Mandeln und Rosinen sorgen für eine köstliche Süße und ein ausgewogenes Nährwertprofil. Ein Riegel, der mit etwas pflanzlichem Drink (Mandel- oder Reisdrink) am Morgen vor dem Training oder als Imbiss vor dem Wettkampf genossen werden kann.

Für 1 geformten Riegel mit 80 g • Wartezeit: 1 Nacht im Kühlschrank • Zubereitung: 10 Minuten • Ohne Backen

ZUTATEN
20 g entkernte Tamarindenpaste • 20 g Rosinen • 20 g Kokosraspel • 20 g Mandeln

---

ZUBEREITUNG
- Wenn noch Kerne in der Tamarindenpaste sein sollten, diese mit einem Messer entfernen. Tamarindenpaste und Rosinen im Standmixer pürieren. In einer Schüssel beiseitestellen
- Mandeln fein mahlen. Mit den Kokosraspeln und den Früchten in der Schüssel mischen. Die Masse in eine Form drücken und über Nacht im Kühlschrank rasten lassen.

AUFBEWAHRUNG: Dieser Riegel kann gut verschlossen in der Form eine Woche im Kühlschrank aufbewahrt werden.

TRANSPORT: Der fertige Riegel kann zu kleinen Bällchen geformt werden. Dafür mit einem kleinen Löffel etwas von der Masse abstechen und zwischen den Handflächen zu einer kleinen Kugel rollen. Der Riegel lässt sich auch, ohne zu zerbröseln, in Würfel geschnitten in einer Tüte mitnehmen.

BELEBENDER RIEGEL MIT KAFFEE UND PFLAUMEN

◇ ◇ ◇ ◇ ◇ ◇ ◇ ◇ ◇ ◇ ◇ ◇ ◇ ◇ ◇ ◇ ◇

Dieser Riegel ist ein wahres Energie-Frühstück. Er ist ebenso einfach zuzubereiten wie wirkungsvoll, um in aller Früh in die Gänge zu kommen. Unser schnelles, unkompliziertes Rezept zeigt, wie einfach sich (selbst unterwegs) ohne Backen aus drei Zutaten, die kalt zusammengemischt werden, ein köstlicher Riegel mit ausgewogenem Nährwertprofil zubereiten lässt. Man braucht nur ein Messer, einen Löffel und eine Form (eine Tasse mit ebenem Boden erfüllt schon den Zweck), um ihn händisch zuzubereiten. Die Haselnüsse und die Pflaumen werden mit dem Messer fein gehackt, bevor sie mit dem Kaffee vermischt und kühl gestellt werden.

———————————— ● ————————————

Für 1 geformten Riegel mit 100 g ● Wartezeit: 1 Nacht im Kühlschrank ● Zubereitung: 10 Minuten ● Ohne Backen

ZUTATEN

40 g Haselnüsse ● 60 g entkernte Trockenpflaumen ● 2 TL Bio-Löskaffee
(oder Zichorienkaffee für einen koffeinfreien Riegel)

———————————— ● ————————————

ZUBEREITUNG

- Haselnüsse, Trockenpflaumen und Löskaffee in den Mixbehälter der Küchenmaschine geben. Mit der Impulsfunktion zu einer stückigen Masse zerkleinern.
- In eine Form drücken, um einen kompakten Riegel zu erhalten.
- Abdecken und über Nacht im Kühlschrank fest werden lassen. Der Kaffeegeschmack kann sich dank der Feuchtigkeit der Pflaumen entfalten und die einzelnen Aromen können sich zu einem harmonischen Geschmack verbinden.

AUFBEWAHRUNG: Der Riegel ist in seiner Form dicht verschlossen im Kühlschrank eine Woche haltbar.

TRANSPORT: Der fertige Riegel lässt sich zu Bällchen formen. Dafür mit einem kleinen Löffel etwas von der Masse abstechen und zwischen den Handflächen zu einer Kugel rollen. Die Bällchen können zum Mitnehmen in Butterpapier eingewickelt und/oder in eine Tüte verpackt werden.

YOGA-SNACK MIT KOKOS UND SPIRULINA

◇ ◇ ◇ ◇ ◇ ◇ ◇ ◇ ◇ ◇ ◇ ◇ ◇ ◇ ◇ ◇ ◇ ◇ ◇

Machen Sie gerne neue Erfahrungen? Beim Bikram Yoga werden 26 Positionen und zwei Atemübungen im Zuge einer Einheit von 1,5 Stunden in einem auf 40 °C auf-geheizten Raum aneinandergereiht. Wie bei jeder fordernden sportlichen Einheit ist es empfehlenswert, zwei Stunden vor dem Kurs nichts mehr zu essen oder zu trinken. Die letzte Mahlzeit ist daher umso wichtiger. Bevorzugen Sie energiereiche und leicht verdauliche Lebensmittel. Eine gute Gelegenheit, Spirulina, ein wahres „superfood", kennenzulernen: Diese Mikroalge mit schöner blaugrüner Farbe liefert hochwertiges pflanzliches Eiweiß sowie eine Vielzahl an Vitaminen und Mikronährstoffen. Damit Sie perfekt in Form kommen und Ihnen für die Beherrschung der schwierigen Position des Adlers sprichwörtlich Flügel wachsen, trinken Sie zu diesem belebenden Energieriegel einen grünen Tee mit Minze oder auch einen grünen Smoothie.

──────────●──────────

Für 1 geformten Riegel • Wartezeit: 1 Nacht im Kühlschrank • Zubereitung: 10 Minuten • Ohne Backen

ZUTATEN
20 g Cashewmus • 20 g Kokosraspel • 1 TL Spirulinapulver (oder Chlorella) • 20 g Rosinen

──────────●──────────

ZUBEREITUNG
- Alle Zutaten im Standmixer pürieren.
- Die Masse in eine Form drücken, um einen kompakten Riegel zu erhalten.
- Abdecken und über Nacht im Kühlschrank fest werden lassen.

AUFBEWAHRUNG: Wir haben festgestellt, dass der Yoga-Snack viel zu gut ist, um ihn aufzu-heben. Aber wenn Sie die Disziplin eines wahren Yogis besitzen, ist er in seiner Form, gut verschlossen, im Kühlschrank eine Woche haltbar.

TRANSPORT: Dieser Riegel kann als belebendes Frühstück mit einem kleinen Löffel gegessen werden. Man kann ihn auch in kleine verführerische Würfel schneiden und in eine Tüte verpacken. Achtung, nicht zu stark schütteln, die Häppchen sind etwas zerbrechlich!

REGENERATIONS RIEGEL

Das Ausüben einer Sportart bei heißem Wetter oder in einer beheizten Umgebung wie einem Schwimmbad oder einer Sporthalle führt durch das Schwitzen zum Verlust lebenswichtiger Mineralstoffe. Um eine aktive Erholung zu begünstigen, ist es wichtig, nach so einer Einheit eine Mahlzeit zu sich zu nehmen, die den Körper wieder mit allen notwendigen Stoffen versorgt. Paranüsse und Cashewkerne liefern eine eiweißreiche Basis sowie Mikronährstoffe. Paranüsse sind eine gute Quelle für Selen, das zur Stärkung des Immunsystems notwendig ist. Feigen sorgen für eine cremige Konsistenz. Ingwer und Pfefferminze bringen schließlich etwas Frische in überhitzte Gemüter.

---●---

Für 1 geformten Riegel mit 80 g • Wartezeit: 1 Nacht im Kühlschrank • Zubereitung: 10 Minuten • Ohne Backen

ZUTATEN

20 g Paranüsse • 30 g Cashewkerne • 50 g Feigen • 1 cm frischer Ingwer • 2 frische oder getrocknete Pfefferminzblätter

---●---

ZUBEREITUNG

- Paranüsse, Cashewkerne und Feigen mit dem Messer grob hacken. Dann mit Ingwer und Minze in der Küchenmaschine pürieren.
- Die Masse in eine Form drücken, um einen kompakten Riegel zu erhalten.
- Abdecken und über Nacht im Kühlschrank fest werden lassen.

AUFBEWAHRUNG: Der Regenerationsriegel ist ein Energieriegel von belebender Frische für den sofortigen Genuss. Er kann dennoch dicht verschlossen in seiner Form im Kühlschrank eine Woche aufbewahrt werden.

TRANSPORT: Der Riegel kann entweder mit dem Löffel gegessen oder — in quadratische Stücke geschnitten — in eine Tüte verpackt werden. Achtung, nicht zu stark schütteln, die Häppchen zerbrechen leicht!

RIEGEL
MIT FEINEM ÜBERZUG

◇ ◇ ◇ ◇ ◇ ◇ ◇ ◇ ◇ ◇ ◇ ◇ ◇ ◇ ◇ ◇

Dieses Rezept veranschaulicht die Wirksamkeit einer kurzen Backzeit und anschließenden Kühlung, durch die der Zuckersirup fest wird und der Riegel Stabilität erhält. Apfelkraut ist ein dicker, dunkler Sirup, der durch langsames Kochen entsteht. In den Niederlanden ist er als *appelstroop* (Apfelsirup) bekannt, in Belgien als *sirop de Liège.* Apfel- oder Birnenkraut, Rote-Rüben- oder Zuckerrohrsirup mit dem typischen Karamellgeschmack liefern Vitamine, Mikronährstoffe und unraffinierten Zucker. Gleich wie Ahornsirup sind diese Süßungsmittel aus dem Bioladen bevorzugte Zutaten des bewussten Genießers, weil sie perfekt für die Verwendung in der Küche geeignet sind. Sie sorgen für Energie und Geschmack in konzentrierter Form – köstlich auch zu einem heißen Getränk!

Für 1 geformten Riegel zum Aufschneiden • Wartezeit: 2 Stunden im Kühlschrank • Zubereitung: 15 Min. • Backzeit: 15 Min.

ZUTATEN
40 g Pekannüsse (oder Mandeln) • 20 g selbst gemachtes Bio-Popcorn (S. 26) • 2 EL Pistazien (oder Sonnenblumenkerne) • 1 TL Zimt, gemahlen • 2 EL Rosinen • 3 EL Apfelkraut

ZUBEREITUNG
- Pekannüsse grob mit dem Messer hacken In eine Schüssel geben. Die anderen trockenen Zutaten zugeben. Vermischen.
- Sirup in einem Topf auf kleiner Flamme schmelzen. Den heißen Sirup in die Schüssel geben. Vermischen.
- Den Inhalt der Schüssel in eine rechteckige, mit Backpapier ausgelegte Form geben.
- In den Ofen schieben und 15 Minuten bei 160 °C backen.
- Abkühlen lassen. Den auf Zimmertemperatur abgekühlten Riegel für mindestens 2 Stunden in den Kühlschrank geben, damit der Sirup fest wird.

AUFBEWAHRUNG: Nach der Kühlzeit das Backpapier abziehen und den Riegel in rechteckige oder quadratische Stücke schneiden. Der Riegel ist (abhängig von Ihrem Gusto) einige Tage im Kühlen haltbar.

TRANSPORT: Die Stücke können zum Mitnehmen in Backpapier eingewickelt oder in eine Tüte verpackt werden.

STUDENTENFUTTER
RIEGEL
MIT POPCORN UND NÜSSEN

◇ ◇ ◇ ◇ ◇ ◇ ◇ ◇ ◇ ◇ ◇ ◇ ◇ ◇ ◇ ◇

Der Studentenfutter-Riegel lässt sich bei jeder Gelegenheit mit den verfügbaren Mitteln zubereiten. Mit etwas veganem Drink, einem Stück frischem Obst und einem heißen Getränk genossen, stellt er ein exzellentes Frühstück dar. Das Geheimnis dieses Riegels liegt in der Gegensätzlichkeit seiner Zutaten: Nüsse für eine köstliche, nahrhafte Basis, gepopptes Getreide als knusprige, leichte Komponente und schließlich Apfelkraut und Nussmus als süßes, cremiges Bindeglied, um alle Zutaten ohne Backen zu verbinden.

—————————— ● ——————————

Für 1 geformten Riegel zum Aufschneiden • Wartezeit: 1 Nacht im Kühlschrank • Zubereitung: 20 Min. • Ohne Backen

ZUTATEN
60 g Studentenfutter • 40 g selbst gemachtes Bio-Popcorn • 3 EL Apfelkraut • 3 EL Cashewmus

—————————— ● ——————————

ZUBEREITUNG
- Nüsse und Popcorn mit dem Messer grob hacken. In eine Schüssel geben und vermischen.
- Apfelkraut und Cashewmus vermischen und in einem Topf auf kleiner Flamme erweichen. Über die Nüsse und das Popcorn geben.
- Gut verrühren, damit sich die Zutaten verbinden. Die Masse in eine viereckige Form geben. Gut festdrücken und mit einem Löffel glatt streichen.
- In den Kühlschrank geben und über Nacht fest werden lassen.

SELBST GEMACHTES POPCORN ZUBEREITEN
Die Maiskörner (Bio-Maiskörner für Popcorn sind zum Beispiel über das Internet oder im Bioladen zu beziehen) in eine Kasserolle geben, den Deckel daraufgeben und die Kasserolle auf starker Stufe auf den Herd stellen. Nach einigen Minuten springen die Körner auf, das typische „pop"-Geräusch ertönt. Sobald kein Geräusch mehr zu hören ist, die Kasserolle von der Platte nehmen. Fertig! Bei Zimmertemperatur abkühlen lassen.

AUFBEWAHRUNG: Nach einer Nacht im Kühlschrank den Riegel aus der Form nehmen und in rechteckige oder quadratische Stücke schneiden. Der Riegel ist (abhängig von Ihrem Gusto) einige Tage im Kühlen haltbar.

TRANSPORT: Die einzelnen Stücke können zum Mitnehmen in Backpapier eingewickelt und/oder in eine Tüte verpackt werden.

DIE ENERGIE

DES RADFAHRERS

◇ ◇ ◇ ◇ ◇ ◇ ◇ ◇ ◇ ◇ ◇ ◇ ◇ ◇ ◇ ◇ ◇

In den Niederlanden ist das Fahrrad König. Allein auf weiter Flur und vorzugsweise mit schöner Aussicht versüßen die *Fietscafé* (Radcafés) den Radfahrern die Pausen mit *koffie met appeltaart* (Filterkaffee und einem Stück Apfelkuchen). Aufgrund seiner Gluten- und Laktoseunverträglichkeit kann Christophe keine hausgemachte Apfeltorte essen. Daher nimmt er, um Heißhunger zu vermeiden, einen Energieriegel mit, den er zum Kaffee genießt. Um den Transport zu erleichtern, werden die Riegel mit einem Dessertring geformt und im Ofen gebacken, damit sie fest werden.

———————————————— ● ————————————————

Für 12 Riegel • Wartezeit: 1 Nacht im Kühlschrank • Zubereitung: 10 Minuten • Backzeit: 30 Minuten

ZUTATEN

30 g entkernte Datteln • 1 Bio-Orange • 30 g Nüsse • 40 g getrocknete Aprikosen • 60 g Kürbiskerne (oder Sonnenblumenkerne) • 40 g Kokosraspel (Kokosette)

———————————————— ● ————————————————

ZUBEREITUNG

- Den Ofen auf 160 °C vorheizen.
- Die Datteln mit den entkernten Orangenspalten pürieren. Beiseitestellen.
- Nüsse und Aprikosen grob hacken. In eine Schüssel geben. Kürbiskerne und Kokosraspel zugeben. Vermischen.
- Die Dattel-Orangen-Mischung in die Schüssel geben. Rühren, bis eine homogene Masse entsteht.
- Ein Blech mit Backpapier auslegen.
- Aus der Masse mithilfe eines rechteckigen Dessertrings Riegel formen: den Dessertring auf das Backpapier legen, 1 cm hoch mit der Masse füllen. Festdrücken. Die Oberfläche glatt streichen. Dessertring entfernen.
- In den Ofen schieben und 20 Minuten bei 160 °C backen. Jeden Riegel einmal umdrehen. Weitere 10 Minuten backen.
- Das Backpapier anheben und die Riegel mit dem Backpapier auf einen Rost legen. Über Nacht auskühlen lassen.

AUFBEWAHRUNG: Die Riegel sind in einer dicht verschlossenen Dose eine Woche im Kühlschrank haltbar.

TRANSPORT: Die Riegel können zum Mitnehmen in Backpapier eingewickelt und/oder in eine Tüte verpackt werden.

KLEINER ROTE-LINSEN SNACK

◇ ◇ ◇ ◇ ◇ ◇ ◇ ◇ ◇ ◇ ◇ ◇ ◇ ◇ ◇ ◇ ◇

Als kleine, vollwertige Mahlzeit zum Mitnehmen, beinhaltet dieser Riegel alle wichtigen Nährstoffe. Die Mischung aus roten Linsen und Reis liefert pflanzliches Eiweiß und komplexe Kohlenhydrate, die lange sättigen und den Körper mit wichtigen Vitalstoffen versorgen. Dieser Eiweiß-Snack mit Gemüse und Tahin kann nach dem Sport genossen werden oder als gesunde Mahlzeit in der Mittagspause. Er schmeckt – kalt oder warm – mit Rohkost-Salat oder in Würfel geschnitten mit Wok-Gemüse.

Für 6–7 Riegel • Zubereitung: 20 Minuten • Backzeit: 40 Minuten

ZUTATEN

100 g rote Linsen • 100 g Reis (oder roter Reis) • 1 Porree (nur der weiße Teil) • 2 Tomaten • 2 EL Tahin (Sesampüree) • 1 TL Kurkuma • 1 EL Zimt, gemahlen • schwarzer Pfeffer

---

ZUBEREITUNG

- Den Ofen auf 180 °C vorheizen.
- Linsen und Reis fein mahlen. In einer Schüssel beiseitestellen.
- Porree in feine Scheiben schneiden, die Tomaten hacken. Tahin und Gewürze zugeben. Pfeffern. 10 Minuten auf starker Stufe in einer Pfanne mit etwas Wasser kochen. Pürieren. Die flüssige Mischung in die Schüssel zum Linsen- und Reismehl geben. Zu einer homogenen Masse vermischen.
- Ein Blech mit Backpapier auslegen. Riegel formen: einen Dessertring auf das Backpapier legen, die Masse 1 cm hoch einfüllen. Festdrücken. Die Oberfläche glatt streichen. Dessertring entfernen.
- In den Ofen schieben und 30 Minuten bei 180 °C backen.
- Das Backpapier anheben und die Riegel mit dem Papier auf einen Rost legen. Abkühlen lassen.

AUFBEWAHRUNG: Die Rote-Linsen-Riegel sind 3 Tage im Kühlschrank haltbar.

TRANSPORT: Die Riegel zum Mitnehmen in eine Lunchbox verpacken oder zum Knabbern in ein Nori- oder Salatblatt einwickeln.

PROTEIN
RIEGEL
MIT BUCHWEIZEN

◇ ◇ ◇ ◇ ◇ ◇ ◇ ◇ ◇ ◇ ◇ ◇ ◇ ◇ ◇ ◇ ◇

Diese Buchweizen-Riegel sind glutenfrei und eine Quelle für hochwertiges pflanzliches Eiweiß. Außerdem werden sie ohne Öl und raffinierten Zucker zubereitet. Um die schlanke Linie zu halten, ohne auf den Genuss zu verzichten, ist es wichtig, auf vollwertige Produkte (reich an pflanzlichen Ballaststoffen) und unraffinierte Süßungsmittel wie Apfelkraut, dunklen Zuckersirup oder Ahornsirup zurückzugreifen. Die Nussstücke und die Getreidekörner werden in diesem Rezept leicht geröstet, um den Riegeln einen keksartigen Geschmack zu verleihen.

───────●───────

Für 12 kleine Riegel • Zubereitung: 15 Minuten • Backzeit: 20 Minuten

ZUTATEN

30 g Paranüsse • 30 g Mohnsamen • 30 g helle Sesamsamen • 30 g Kascha (gerösteter Buchweizen)
70 g Apfelkraut oder Ahornsirup

───────●───────

ZUBEREITUNG
- Den Ofen auf 160 °C vorheizen.
- Die Paranüsse mit dem Messer hacken. Die Nussstücke in einer Pfanne auf kleiner Flamme trocken rösten. Nach 2 Minuten Mohn- und Sesamsamen zugeben. Den Topf von der Kochstelle nehmen, sobald die Sesamsamen goldgelb sind. Kascha zugeben. In einer Schüssel beiseitestellen.
- Das Apfelkraut oder den Ahornsirup schmelzen und in die Schüssel geben. Vermischen.
- Ein Blech mit Backpapier auslegen. Die Masse zu Riegeln formen: einen Dessertring auf das Backpapier legen, die Masse 1 cm hoch einfüllen. Festdrücken. Die Oberfläche glatt streichen. Dessertring entfernen.
- In den Ofen geben und 15 Minuten bei 160 °C backen.

AUFBEWAHRUNG: Im Kühlschrank in einer dicht verschlossenen Dose sind die Riegel 3–4 Tage haltbar.

TRANSPORT: Zum Mitnehmen können die Riegel in Backpapier eingewickelt werden.

TIPP: Die Protein-Riegel können auch in kleinen Förmchen im Ofen gebacken werden.

KNUSPRIGE LEINSAMEN KEKSE

◇ ◇ ◇ ◇ ◇ ◇ ◇ ◇ ◇ ◇ ◇ ◇ ◇ ◇ ◇ ◇

Bei der Zubereitung dieser Kekse kommen zwei Garmethoden zum Einsatz. Zuerst werden die roten Linsen leicht geröstet, damit sie einen karamellartigen Geschmack entwickeln, dann werden sie mit den anderen Zutaten über Dampf gegart. Egal ob als Riegel oder, wie auf dem Foto, als Kekse zubereitet – das Tolle an diesem Rezept ist der Überraschungseffekt, eine knusprige Konsistenz nach dem Dämpfen zu erhalten, sowie der Vorteil, die Kekse nach Belieben wieder erwärmen zu können. Mit einem warmen Tee werden sie zum ausgewogenen Snack für zwischendurch, egal zu welcher Tageszeit.

───────────●───────────

Für 6 Kekse • Zubereitung: 15 Minuten • Backzeit: 35 Minuten

ZUTATEN

100 g rote Linsen • 1 EL Leinsamen • Saft und Schale von ½ Orange, unbehandelt • 50 g getrocknete Aprikosen

───────────●───────────

ZUBEREITUNG

- Die roten Linsen in einer Pfanne auf mittlerer Flamme trocken rösten. Sobald sie leicht gebräunt sind, die Pfanne von der Kochstelle nehmen. Die Linsen mit den Leinsamen fein mahlen. In eine Schüssel geben.
- Die Orangenschale und die entkernten Orangenspalten mit den Aprikosen pürieren. Diese Mischung auf das Mehl geben. Zu einer homogenen Masse vermischen.
- Die Kekse mit der Hand oder einem runden Dessertring formen. 30 Minuten dämpfen.
- Auf einem Rost auf Zimmertemperatur abkühlen lassen.

TIPP: Lust auf einen pikanten Riegel? Einfach die Orange durch 1 Esslöffel Nussmus und die Aprikosen durch getrocknete Tomaten ersetzen. Eventuell für die richtige Konsistenz etwas Wasser zugeben.

AUFBEWAHRUNG: Die Kekse sind gut verschlossen eine Woche im Kühlschrank haltbar.

TRANSPORT: Zum Mitnehmen können die Kekse in eine Lunchbox oder in eine Tüte verpackt werden.

PICKNICK
RIEGEL MIT
ROTEN BOHNEN

◇ ◇ ◇ ◇ ◇ ◇ ◇ ◇ ◇ ◇ ◇ ◇ ◇ ◇ ◇ ◇ ◇ ◇

Dieser Riegel verbindet den keksartigen Geschmack der gerösteten und dann zu Mehl gemahlenen roten Linsen mit der Süße und dem runden Geschmack der drei anderen Zutaten – Bohnenpüree, Cashewkerne und geraspelte Rote Rüben. Mit etwas Rohkost oder einer Portion Reis ist er als Mittagsimbiss ein Genuss. Wir lieben ihn als herzhafte Stärkung in ein Salat- oder Noriblatt eingerollt am Wochenende zum Picknick im Wald nach unseren Trail-Running-Einheiten.

Zutaten für 1 geformten Riegel • Zubereitung: 15 Minuten • Backzeit: 25 Minuten

ZUTATEN
100 g rote Linsen • 1 EL Leinsamen • 200 g gekochte rote Bohnen (oder Adzukibohnen) • 1 EL Cashewmus
1 rohe Rote Rübe (150 g)

ZUBEREITUNG
- Den Ofen auf 180 °C vorheizen.
- Die roten Linsen in einer Pfanne auf mittlerer Flamme trocken rösten. Sobald sie leicht gebräunt sind, die Pfanne von der Kochstelle nehmen. Die Linsen und die Leinsamen fein mahlen. In eine Schüssel geben.
- Die Bohnen abspülen und abtropfen lassen. Mit 50 ml Wasser und dem Cashewmus pürieren. In die Schüssel geben. Mischen. Die Rote Rübe schälen und raspeln. In die Schüssel dazugeben und alles zu einer homogenen Masse vermischen.
- Die Masse in eine mit Backpapier ausgelegte, rechteckige Form drücken.
- In den Ofen schieben und 20 Minuten bei 180 °C backen.
- Auf einem Rost in der Form auskühlen lassen.

AUFBEWAHRUNG: Der Riegel kann 3–4 Tage in der Form im Kühlschrank aufbewahrt werden.

TRANSPORT: Der aus der Form gestürzte Riegel kann in kleine Stücke geschnitten in einer Dose mitgenommen werden. Er eignet sich hervorragend als Beilage zu Rohkost. Die einzelnen Stücke können auch zum Mitnehmen und zum Verzehr in Salatblätter eingewickelt werden.

PIKANTER GENUSS MIT MISO UND PUFFREIS

◇ ◇ ◇ ◇ ◇ ◇ ◇ ◇ ◇ ◇ ◇ ◇ ◇ ◇ ◇ ◇ ◇ ◇

Die meisten Energieriegel sind sehr süß. Dieser Riegel – mit seinem ausgeprägten würzigen Geschmack – passt mittags zu etwas Rohkost oder abends zu einer Suppe. Sportler können den Riegel auch als Regenerationssnack während einer Laufeinheit, einer Wanderung oder einer Radtour zu sich nehmen.

Für 1 geformten Riegel zum Aufschneiden • Vorbereitung: 1 kleines Glas als Messbecher (ca. 60 g)
Zubereitung: 15 Minuten • Backzeit: 20 Minuten

ZUTATEN

1 EL Miso (oder Hefeextrakt wie Marmite) • 1 EL Haselnussmus • 3–4 getrocknete Tomaten • 2 Gläser Buchweizenschrot (100–120 g) • Kräuter der Provence • schwarzer Pfeffer • 2 Reiswaffeln

ZUBEREITUNG

- Den Ofen auf 180 °C vorheizen.
- Misopaste und Haselnussmus in eine Schüssel geben. Mit einem Glas heißem Wasser vermischen und ziehen lassen.
- Die getrockneten Tomaten hacken und hinzufügen. Den Buchweizenschrot zugeben. Alles vermischen. Kräuter der Provence darüberstreuen. Pfeffern. Die Reiswaffeln darüberbröseln. Vermischen, bis eine homogene Masse entsteht.
- Die Masse in eine rechteckige Form geben.
- In den Ofen schieben und bei 180 °C ca. 20 Minuten backen.
- Auf einem Rost auskühlen lassen.

AUFBEWAHRUNG: Der gepresste Riegel ist in einer gut verschlossenen Dose im Kühlschrank 3–4 Tage haltbar.

TRANSPORT: Der Riegel lässt sich in kleine Riegel oder Quadrate schneiden, die zum Mitnehmen in Frischhaltefolie oder in eine Tüte verpackt werden können.

„SCHLANKHEITS RIEGEL" MIT QUINOA

◇ ◇ ◇ ◇ ◇ ◇ ◇ ◇ ◇ ◇ ◇ ◇ ◇ ◇ ◇ ◇ ◇ ◇

Dieser leichte Riegel macht Ihre Zwischenmahlzeit zum Genuss! Ganz ohne Zucker-zusatz verdankt er seinen süßen Geschmack Orange und Karotte. Der keksartige Geschmack gerösteter Getreidekörner und die belebende Frische des Ingwers machen ihn zu einem wahren Antistress-Leckerbissen, den Sie über alles lieben werden – zu einem Smoothie genossen oder als proteinreiche Stärkung nach einer intensiven Sport-einheit oder einem harten Tag.

———————————— ● ————————————

Für 5 Riegel (quadratischer Dessertring mit 56 mm) • Zubereitung: 15 Minuten • Backzeit: 25 Minuten

ZUTATEN
3 EL Amarant • 3 EL Quinoa • 3 EL Sesamsamen • 1 Orange • 1 Karotte • 1 cm frischer Ingwer

———————————— ● ————————————

ZUBEREITUNG
- Amarant, Quinoa und Sesam in einer Pfanne auf mittlerer Flamme trocken rösten. Wenn die Körner goldgelb sind, die Pfanne vom Herd nehmen. Die Körner auf Zimmertemperatur abkühlen lassen, dann mahlen. In eine Schüssel geben.
- Die entkernten Orangenspalten mit der Karotte und dem Ingwer pürieren. Auf das Mehl in die Schüssel geben. Zu einer homogenen Masse vermischen.
- Ein Blech mit Backpapier auslegen. Riegel formen: einen Dessertring auf das Backpapier legen, ca. 1 cm hoch mit der Masse füllen. Festdrücken. Die Oberfläche glatt streichen. Dessertring entfernen.
- In den Ofen schieben und 20 Minuten bei 200 °C backen.
- Das Backpapier anheben und die Riegel mit dem Backpapier auf einen Rost geben. Erkalten lassen.

AUFBEWAHRUNG: Die Riegel sind in einer dicht verschließbaren Dose oder in einer Tüte im Kühl-schrank 3–4 Tage haltbar.

TRANSPORT: Die Riegel können zum Mitnehmen in Backpapier gewickelt oder in eine Tüte verpackt werden.

GEDÄMPFTER REIS RIEGEL

◇ ◇ ◇ ◇ ◇ ◇ ◇ ◇ ◇ ◇ ◇ ◇ ◇ ◇ ◇ ◇

Wenn Sie zum Nachmittags-Kaffee eingeladen sind, können Sie in Ihrem Freundeskreis mit bunten und glutenfreien veganen Backwaren einen neuen Trend setzen. Beim Dämpfen bleiben die wertvollen Inhaltsstoffe der Zutaten durch Garen ohne Fett bei niedriger Temperatur erhalten. Die gerösteten Buchweizen- und Reiskörner verleihen diesem Eiweiß-Riegel in Kombination mit den Rosinen einen karamellartigen Geschmack, der an Lebkuchen erinnert. Da er in einem Papier gegart wird, kann er ohne Bedenken selbst in die Designertasche gesteckt werden.

──────────●──────────

Für 5 Dreiecke • Zubereitung: 15 Minuten • Backzeit: 25 Minuten

ZUTATEN
1 Orange • 50 g Rosinen • 50 g Buchweizen • 50 g Reis (oder roter Reis)

──────────●──────────

ZUBEREITUNG
- Orangenschale mit einem Zestenreißer in eine Schüssel reiben. Rosinen zugeben und mit Orangensaft bedecken.
- Die Buchweizen- und Reiskörner in einer Pfanne bei mittlerer Hitze trocken rösten. Sobald sie goldbraun sind, die Pfanne vom Herd nehmen. Die Körner auf Zimmertemperatur abkühlen lassen, dann mahlen. In eine Schüssel geben.
- Die Rosinen mit Orangensaft und -zesten auf das Mehl in die Schüssel geben. Mischen, die Masse zu einer Kugel formen. Wenn nötig etwas Wasser zugeben.
- Dreiecke wie in der Anleitung rechts unten formen: einen Streifen Backpapier (ca. 10 x 30 cm) zuschneiden. 1–2 EL der Masse auf das Papier geben. Zu einem Dreieck verteilen. Das Backpapier wieder zusammenfalten, um das Dreieck einzuwickeln. Die gesamte Masse auf diese Art verarbeiten.
- Die Dreiecke 20 Minuten dämpfen.

AUFBEWAHRUNG: In ihrer Verpackung sind die Riegel 3–4 Tage in einer gut verschließbaren Box im Kühlschrank haltbar.

TRANSPORT: Zum Mitnehmen die Riegel mit dem Backpapier in eine Tüte geben.

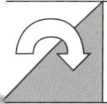 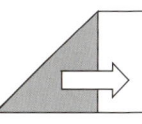 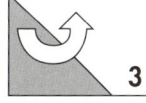 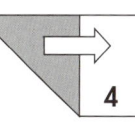 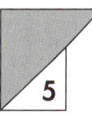

FRÜHSTÜCKS RIEGEL MIT FRÜCHTEN

❖ ❖ ❖ ❖ ❖ ❖ ❖ ❖ ❖ ❖ ❖ ❖ ❖ ❖ ❖

Dieser Eiweißriegel ist ideal als ausgewogenes Frühstück vor einem aktiven Tag, einem langen Ausflug oder einer Laufeinheit. Wir lieben ihn mit einer Orange, einer veganen Alternative für Naturjoghurt oder etwas pflanzlichem Drink (Mandel- oder Reisdrink) und einem heißen Getränk. Städter, die morgens immer ein bisschen gestresst sind, um nicht U-Bahn oder Zug zu verpassen, schätzen – wenn sie endlich am Ziel angekommen sind – diesen kleinen süßen Energieschub mit einem guten Kaffee.

———————————●———————————

Für 1 Riegel zum Aufschneiden • Zubereitung: 20 Minuten • Backzeit: 30 Minuten

ZUTATEN
80 g Buchweizen • 1 Kardamomkapsel • 1 TL Zimt, gemahlen • 20 g Nüsse • 40 g getrocknete Feigen
2 Äpfel

———————————●———————————

ZUBEREITUNG
- Den Ofen auf 200 °C vorheizen.
- Die Buchweizenkörner und die Kardamomsamen mahlen. Das Mehl in eine Schüssel geben. Den Zimt dazugeben. Vermischen.
- Nüsse und Feigen mit dem Messer grob hacken. Zugeben. Vermischen.
- Die Äpfel reiben. Hinzufügen. Mit den Fingern vermischen, bis eine homogene Masse entsteht. 10 Minuten rasten lassen, damit die Buchweizenkörner Feuchtigkeit aufnehmen und quellen können.
- Die Masse in eine rechteckige Form geben. Gut festdrücken.
- In den Ofen schieben und 30 Minuten bei 200 °C backen.
- Die Form aus dem Ofen nehmen. Abkühlen lassen.
- Den Riegel aus der Form nehmen und in kleine Riegel oder Quadrate schneiden.

AUFBEWAHRUNG: Die Riegel sind 3–4 Tage in einem luftdicht verschließbaren Behälter im Kühlschrank haltbar.

TRANSPORT: Zum Mitnehmen in eine Box oder in eine Tüte geben.

VOLLWERT
NASCHEREIEN
GETREIDE
RIEGEL

SELBST GEMACHTES MÜSLI

◇ ◇ ◇ ◇ ◇ ◇ ◇ ◇ ◇ ◇ ◇ ◇ ◇ ◇ ◇ ◇ ◇

Ein Müsli ist eine trockene, gebrauchsfertige Mischung aus Getreideflocken oder gepopptem Getreide, getrockneten Früchten, Nüssen und Kernen. Für ein hausgemachtes Müsli empfehlen wir folgendes Mischungsverhältnis: 60 % Getreide, 20 % Trockenfrüchte und 20 % Nüsse und Kerne. Wenn Sie mögen, können Sie noch einen Hauch Zimt oder Kakaopulver hinzufügen. Die Mengenangaben sind variabel und hängen von Ihren Vorräten, den Packungsgrößen und vor allem von Ihren Vorlieben ab.

Müsli selbst zubereiten ist wirklich ein Kinderspiel. Ein „personalisiertes" Müsli, idealerweise in Bio-Qualität, ohne GVO (gentechnisch veränderte Organismen) und Zusatzstoffe kann darüber hinaus im Falle einer Weizenunverträglichkeit sehr einfach angepasst werden (denken Sie an die sogenannten Pseudo-Getreide, die glutenfrei sind, wie Buchweizen, Quinoa, Hirse und auch Reis und Mais).

Die trockenen Zutaten für Ihr Müsli finden Sie problemlos offen im Bioladen. Bei der Auswahl der Körner können Sie aus der ganzen Bandbreite wählen (Hafer, Dinkel, Roggen, Reis, Quinoa, Buchweizen, Mais …) und auch bei der Form können Sie zwischen gepopptem Getreide und Flocken abwechseln – grobe Flocken für einen guten Geschmack, feine für eine cremige Konsistenz. Was die getrockneten Früchte anbelangt, kombinieren Sie nach Belieben Rosinen, Aprikosen, verschiedene rote Früchte, Kokosraspel oder getrocknete Apfel- oder Birnenspalten (oder auch tropische Früchte wie Mango und Ananas). Dazu nehmen Sie zum Beispiel Walnusskerne, Haselnusssplitter, Studentenfutter oder Mandeln und Sonnenblumenkerne, Kürbiskerne oder Sesam. Los geht's!

———————————— ● ————————————

Zubereitung: 5 Minuten • Ohne Backen

ZUTATEN

40 g Trockenfrüchte (Rosinen, gehackte Aprikosen …) • 40 g Nüsse (Haselnüsse, Mandeln …) und Kerne (Sonnenblumenkerne …) • 120 g verschiedene Flocken (z. B. grobe Haferflocken, feine Buchweizenflocken …)

———————————— ● ————————————

ZUBEREITUNG

• Die großen Trockenfrüchte und Nüsse hacken. Alle Zutaten in einer Schüssel vermischen. In ein gut verschließbares Glas geben.

AUFBEWAHRUNG: Bei Zimmertemperatur und trocken lagern. Schreiben Sie auf ein Etikett das Datum der Zubereitung sowie das Mindesthaltbarkeitsdatum.
Als Mindesthaltbarkeitsdatum gilt jenes der am kürzesten haltbaren Zutat.

SELBST GEMACHTES KNUSPERMÜSLI

❖ ❖ ❖ ❖ ❖ ❖ ❖ ❖ ❖ ❖ ❖ ❖ ❖ ❖ ❖ ❖ ❖

Unser Knuspermüsli auf der Basis vollwertiger Bio-Produkte enthält weder Öl noch raffinierten Zucker und es ist auch keine „Kalorienbombe", wie viele der in den großen Supermärkten verkauften Produkte. Es ist eine trockene Mischung aus Getreide, Nüssen und Kernen, die gebacken werden. Bei dieser sportlichen und ganz persönlichen Version des Knuspermüslis „kleben" die Zutaten durch einen Sirup oder ein Püree aus Trockenfrüchten oder Ölsaaten beim Backen zusammen. Ganz klassisch können Sie auch Ahornsirup verwenden. Sie können das Knuspermüsli problemlos mit einer Auswahl an glutenfreien Zerealien (Buchweizenflocken, Quinoa, Mais, Reis) zubereiten oder auch mit Hafer, wenn Sie ihn vertragen. Unser Rezept präsentiert eine superschnelle Zubereitung im Wok (oder in der Pfanne).

———————————◆———————————

Zubereitung: 5 Minuten • Backzeit: 10 Minuten

ZUTATEN

60 g Haferflocken • 60 g Buchweizen • 40 g Nussmischung (Cashewkerne, Pekannüsse, Paranüsse … sowie Mandeln, Haselnüsse …) • 40 g getrocknete Aprikosen • 1 EL Leinsamen

———————————◆———————————

ZUBEREITUNG

- Die Haferflocken, die Buchweizenkörner und die Nüsse im Wok auf mittlerer Flamme trocken rösten, bis sie goldgelb sind.
- Die Aprikosen und die Leinsamen mit 100 ml Wasser pürieren.
- Die flüssige Mischung über die Flocken und Körner in den Wok geben. Umrühren. Auf kleiner Flamme unter ständigem Rühren fertig backen, bis die Flüssigkeit verdunstet ist.

AUFBEWAHRUNG: Die Mischung erkalten lassen. Wenn sie trocken und überkühlt ist, in ein gut verschließbares Glas geben und dunkel aufbewahren. Schreiben Sie auf ein Etikett das Datum der Zubereitung und das Mindesthaltbarkeitsdatum.

Als Mindesthaltbarkeitsdatum gilt jenes der am kürzesten haltbaren Zutat.

KNUSPERMÜSLI
FÜR UNTERWEGS
MIT APRIKOSEN
UND BANANE

◇ ◇ ◇ ◇ ◇ ◇ ◇ ◇ ◇ ◇ ◇ ◇ ◇ ◇ ◇ ◇ ◇

Ein gutes hausgemachtes Knuspermüsli ist so köstlich, dass man es am liebsten überall hin mitnehmen würde. Knuspermüsli liefert komplexe Kohlenhydrate und Ballaststoffe und versorgt uns so über einen langen Zeitraum mit Energie. Ähnlich wie einige schnelle Rezepte für Energieriegel ohne Backen ermöglicht es dieses Rezept, in 5 Minuten einen Riegel aus einer Portion bereits fertigem Knuspermüsli, das mit einer zerdrückten Banane wieder angefeuchtet wird, zuzubereiten. Ein bunter Snack, vollwertig und ausgewogen, praktisch zum Mitnehmen und ein richtiger Allrounder, der zum Frühstück und zur 10-Uhr-Pause schmeckt, genauso wie als Nachmittagsimbiss mit einem Getränk.

───────────●───────────

Für 1 geformten Riegel • Wartezeit: 1 Nacht im Kühlschrank • Zubereitung: 5 Minuten • Ohne Backen

ZUTATEN
1 Banane • 60 g getrocknete Aprikosen • 100 g selbst gemachtes Knuspermüsli • 2 EL gemahlene Haselnüsse (oder Mandeln)

───────────●───────────

ZUBEREITUNG
- Die Banane mit den getrockneten Aprikosen pürieren. In eine Schüssel geben. Das Knuspermüsli und die gemahlenen Haselnüsse zugeben. Mischen.
- Die Masse in eine Form geben. Festdrücken und mit einem Löffel glatt streichen, um einen kompakten Riegel zu erhalten.
- Abdecken und über Nacht im Kühlschrank rasten lassen.

AUFBEWAHRUNG: Sie können diesen Riegel 3–4 Tage im Kühlschrank zugedeckt in seiner Form aufbewahren oder in Portionen schneiden (nach einer Nacht im Kühlschrank).

TRANSPORT: Die einzelnen Stücke können zum Mitnehmen in Frischhaltefolie oder in eine Tüte verpackt werden.

BANANE
CASHEW-CAROB
BÄLLCHEN

◇ ◇ ◇ ◇ ◇ ◇ ◇ ◇ ◇ ◇ ◇ ◇ ◇ ◇ ◇ ◇

Haferflocken ergeben mit etwas Flüssigkeit eine mollige Creme, die sehr gut mit dem Geschmack von Bananen harmoniert. Diese köstlichen Bällchen werden durch einen zarten, süßen Kern aufgewertet und lassen sich ohne Backen oder Dämpfen zubereiten. Dämpft man sie, werden sie kompakter und können praktischer in einer Dose, im Rucksack oder in der Tasche für die Pause mitgenommen werden. Unser Geheimtipp: Verstecken Sie eine kleine Überraschung, zum Beispiel eine getrocknete rote Frucht, im Herzen der Bällchen – das macht sie noch unwiderstehlicher!

━━━━━━━━━━━ ● ━━━━━━━━━━━

Für 8–10 Bällchen • Zubereitung: 20 Minuten • Ohne Backen oder 10 Minuten dämpfen

ZUTATEN

Teig: 1 Banane • 100 g Haferflocken
Kern: 1 EL Cashewmus • 1 TL Carob-Pulver • 2 TL Apfelkraut
Optional: 1 getrocknete Beere oder Kirsche (pro Bällchen)

━━━━━━━━━━━ ● ━━━━━━━━━━━

ZUBEREITUNG
- Die Banane in einer Schüssel mit der Gabel zerdrücken.
- Die Haferflocken mahlen. In die Schüssel geben. Mit der Gabel gut vermischen. Zum Schluss mit der Hand vermischen und zu einer Kugel formen. 10 Minuten rasten lassen.
- Das Cashewmus, das Carob-Pulver und das Apfelkraut in eine Schüssel geben.
- Sorgfältig zu einer homogenen Masse vermischen.
- Bällchen formen: Eine kleine Menge der Bananen-Haferflocken-Masse entnehmen, zwischen den Handflächen zu einem Bällchen formen. Zu einem Kreis flach drücken. In die Mitte eine kleine Kugel der Carob-Cashew-Masse geben. Eine Beere oder eine Kirsche zugeben (falls gewünscht). Von den Seiten zur Mitte hin verschließen. In der Hand wieder zu einem Bällchen rollen.
- Die Bällchen im Kühlschrank fest werden lassen (mindestens 2 Stunden) oder 10 Minuten dämpfen.

FÜR FEINSCHMECKER: Wenn die Bällchen fertig geformt sind, können sie noch in etwas Carob-Pulver oder in Kokosraspeln gewälzt werden.

AUFBEWAHRUNG: Die Bällchen sind – egal ob gedämpft oder nicht – 3–4 Tage im Kühlschrank haltbar.

KLEINER MAIS-SNACK MIT ORANGEN BLÜTENAROMA

❖ ❖ ❖ ❖ ❖ ❖ ❖ ❖ ❖ ❖ ❖ ❖ ❖ ❖ ❖

Gofio ist ein Mehl aus gerösteten Getreidekörnern, das ursprünglich von den Kanarischen Inseln stammt. Es galt als Ausdauer-Geheimnis der Guanchen, der Eingeborenen dieser Region. Das Mehl war sowohl bei der Feldarbeit als auch beim Gütertransport über die Berge ein geschätztes Nahrungsmittel. Heute noch ist Gofio in ganz Südamerika beliebt, wo man es zur Zubereitung verschiedener *Tamales* verwendet, das sind kleine Snacks, die wie Bonbons in Maisblätter eingewickelt und gedämpft zum Frühstück gereicht werden und auch praktisch zum Mitnehmen sind.

Für 5 „Bonbons" • Zubereitung: 20 Minuten • Backzeit: 20 Minuten

ZUTATEN
2 Feigen • 2 EL Orangenblütenwasser • 100 g Gofio aus Mais (oder Bio-Maismehl)

ZUBEREITUNG
- Die Feigen mit dem Messer in kleine Stücke schneiden. Im Orangenblütenwasser mit 100 ml lauwarmem Wasser gemischt 10 Minuten quellen lassen.
- Das Gofio in eine Schüssel geben. In der Mitte eine Mulde machen. Die Feigen mit dem Einweichwasser hineingeben. Mit dem Löffel vermischen.
- Die Masse wie Bonbons in Backpapier verpacken oder Dreiecke wie im Rezept auf Seite 44 formen.
- 20 Minuten dämpfen. Die Dreiecke bzw. die Bonbons auf einem Rost auf Zimmertemperatur abkühlen lassen.

AUFBEWAHRUNG: Die Maisbonbons sind im Kühlschrank 3–4 Tage haltbar.

TRANSPORT: Sie können direkt im Backpapier oder in einer Tüte mitgenommen werden.

SCHOKOLADIGER ENERGIESCHUB

❖ ❖ ❖ ❖ ❖ ❖ ❖ ❖ ❖ ❖ ❖ ❖ ❖ ❖ ❖ ❖

Dieser Riegel sorgt mit seiner Mischung aus Kaffee und Schokolade garantiert für ein erfrischtes Erwachen und versorgt Sie ab den Morgenstunden mit ausreichend Energie. Er ist wie ein kleiner, gut bekömmlicher „Sportkuchen", der ohne Backen zubereitet wird. Wir haben ihn unterwegs spontan aus den gerade verfügbaren Zutaten zubereitet, um ihn vor oder während unserer Bergläufe auf dem Langstreckenwanderweg GR 131 (*El Camino Natural de Anaga-Chasna*) zu essen, der die Insel Teneriffa durchquert.

———————————— ● ————————————

Für 1 geformten Riegel • Wartezeit: 1 Nacht im Kühlschrank • Zubereitung: 10 Minuten • Ohne Backen

ZUTATEN

1 Banane • 2 getrocknete Feigen • 1 EL Leinsamen (bevorzugt helle Leinsamen) • 80 g Müsli
1 TL Bio-Löskaffee (oder löslicher Zichorienkaffee, für eine Variante ohne Koffein) • 1 TL Zimt, gemahlen
1 EL ungezuckertes Kakaopulver

———————————— ● ————————————

ZUBEREITUNG

- Die Banane, die gehackten Feigen und die Leinsamen im Standmixer pürieren. In eine Schüssel geben.
- Das Müsli, den Kaffee, den Zimt und den Kakao zugeben. Mischen.
- In eine Form (eine Tasse oder ein Ofenförmchen) oder in mehrere kleine Förmchen drücken.
- Über Nacht im Kühlschrank rasten lassen.

TIPP: Die Flüssigkeitsaufnahme während der Wartezeit im Kühlschrank variiert je nach den verwendeten Flocken. Sie können bis zu 100 g Müsli verwenden, je nach gewünschter Konsistenz.

AUFBEWAHRUNG: Dieser Riegel ist in seiner Form 3–4 Tage im Kühlschrank haltbar.

TRANSPORT: Zum Mitnehmen den Riegel aus der Form nehmen, dazu die Ränder mit einem Messer oder einer Palette von der Form lösen und in eine Tüte geben.

ERNTEKORB
HERBSTLICHER
RIEGEL
MIT KÜRBIS
UND KASTANIEN

❖ ❖ ❖ ❖ ❖ ❖ ❖ ❖ ❖ ❖ ❖ ❖ ❖ ❖

Im Herbst wird die Haselnuss-, Kastanien- und Kürbis-Ernte gefeiert. Dann freuen wir uns, Nüsse, die vielerorts lange Zeit ein Grundnahrungsmittel der Bauern waren, als Zutat für unsere Riegel wiederzuentdecken. Dieser energiereiche Riegel passt sehr gut zu Rohkost oder einigen Apfelstücken als Mittags- oder Nachmittags-Snack. Das intensive Aroma der Kastanien in Kombination mit den Nüssen und dem runden Geschmack des Kürbisses macht ihn zum authentischen, fast nostalgischen Geschmackserlebnis.

———————————●———————————

Für 1 geformten Riegel • Wartezeit: 1 Nacht im Kühlschrank • Zubereitung: 10 Min. • Backzeit: 30 Min.

ZUTATEN

40 g Haselnüsse und/oder Walnüsse • 60 g Buchweizen (oder Buchweizenmehl) • 40 g Kastanienmehl
200 g Kürbis • 100 g gedämpfte Kastanien (vakuumverpackt)

———————————●———————————

ZUBEREITUNG

- Haselnüsse und Buchweizen mahlen. In eine Schüssel geben. Das Kastanienmehl dazugeben. Mischen.
- Den Kürbis raspeln. In die Schüssel dazugeben. Mischen. Die Kastanien sehr fein hacken. Zugeben. Mit einem Löffel verrühren.
- Die Masse etwa 2 cm dick in eine rechteckige Form streichen. Mit einem Löffel oder einer Palette gleichmäßig verteilen.
- 30 Minuten dämpfen.
- Abkühlen lassen. Für eine Nacht in den Kühlschrank geben.

AUFBEWAHRUNG: Der Riegel ist in seiner Form im Kühlschrank 3–4 Tage haltbar.

TRANSPORT: Der geformte Riegel kann in kleine Würfel oder kleine Riegel geschnitten werden, die zum Mitnehmen in eine gut verschließbare Box oder in eine Tüte verpackt werden können.

VITAL RIEGEL

◇ ◇ ◇ ◇ ◇ ◇ ◇ ◇ ◇ ◇ ◇ ◇ ◇ ◇ ◇ ◇

Rohkost erfreut sich unter den Yogis und Sportlern Kaliforniens bereits großer Beliebtheit. Auch uns inspiriert der Ideenreichtum dieser Kochideologie, besonders einige wirklich originelle Zubereitungsmethoden. Das Dörren (in einer trockenen Umgebung bei ca. 40 °C) ermöglicht es, einen knusprigen Riegel ohne Backen zuzubereiten. Durch Einweichen wird das Getreide bekömmlicher gemacht und seine Nährstoffqualität verbessert sich. Die Zutaten werden nicht gegart, um Vitalstoffe und Vitamine zu erhalten. Der Leinsamenschleim und das Feigenpüree binden die Zutaten und ein Hauch Liebe macht dieses „New Age"-Rezept schließlich vollkommen.

———————————— ◆ ————————————

Für 15 Riegel (quadratischer Dessertring mit 56 mm) • Wartezeit: 4 Stunden (Einweichen) und 1 Nacht zum Trocknen • Zubereitung: 15 Minuten • Ohne Backen

ZUTATEN

200 g Buchweizen • 40 g Cashewkerne • 80 g getrocknete Feigen (4–5 Stück) • 20 g helle Leinsamen (2 EL)
1–2 EL Orangenblütenwasser

———————————— ◆ ————————————

ZUBEREITUNG

- Buchweizen und Cashewkerne in reichlich Wasser mindestens 4 Stunden einweichen. In einer zweiten Schüssel die Feigen und die Leinsamen in 80 ml Wasser einweichen.
- Buchweizen und Cashewkerne sorgfältig abspülen, abtropfen lassen und in eine Schüssel geben.
- Die Feigen und die Leinsamen mit dem Einweichwasser und dem Orangenblütenwasser pürieren. Über den Buchweizen und die Cashewkerne geben.
- Eine Folie auf ein Gitter des Dörrapparates legen.
- Mit einem Dessertring Quadrate formen: Den Ring auf die Folie des Dörrapparates legen, 1 cm hoch mit der Masse füllen. Festdrücken. Die Oberfläche glatt streichen. Dessertring entfernen.
- Für 12 Stunden in den Dörrapparat geben (bei 45 °C). Um ein gleichmäßiges Ergebnis zu erlangen, die Quadrate nach 2 Stunden wenden und für die restliche Zeit nur auf ein Gitter des Dörrapparates legen.

AUFBEWAHRUNG: Der Riegel ist lichtgeschützt und gut verschlossen bei Zimmertemperatur einige Tage haltbar.

TRANSPORT: Die Quadrate zum Mitnehmen in eine dicht verschließbare Dose geben.

MANDEL
POWERRIEGEL
MIT BIRNE

◇ ◇ ◇ ◇ ◇ ◇ ◇ ◇ ◇ ◇ ◇ ◇ ◇ ◇ ◇ ◇

Der *Dipsea Trail* ist wahrscheinlich der allererste Natur-Laufpfad der Geschichte der USA. Er erstreckt sich über die Ausläufer des Mount Tamalpais zwischen dem Dorf Mill Valley und dem Stinson-Strand am Pazifischen Ozean entlang einer Stromschnelle durch einen Wald gigantischer roter Pinien. Wir versprechen Ihnen eine wunderbare Aussicht über den Pazifischen Ozean und den Genuss dieses bodenständigen Riegels als Belohnung nach dem traumhaften Aufstieg und dem atemberaubend steilen Abstieg.

●

Für 1 geformten Riegel • Zubereitung: 10 Minuten • Backzeit: 20 Minuten

ZUTATEN

1 Birne • 30 g Mandelmus • 30 g Mandeln • 100 g selbst gemachtes Knuspermüsli (S. 51)

●

ZUBEREITUNG

- Den Ofen auf 160 °C vorheizen.
- Die Birne mit dem Mandelmus pürieren. In eine Schüssel geben. Die Mandeln mit dem Messer hacken. Zugeben. Das Knuspermüsli zugeben. Mischen.
- Eine rechteckige Form mit Backpapier auslegen. Die Masse 2 cm dick einfüllen. Festdrücken und glatt streichen.
- In den Ofen schieben und 20 Minuten bei 160 °C backen.
- Aus dem Ofen nehmen und auf einem Rost auf Zimmertemperatur abkühlen lassen. Das Backpapier abziehen.

AUFBEWAHRUNG: Der aus der Form gelöste Riegel ist 3–4 Tage im Kühlschrank in einem gut verschlossenen Behälter haltbar

TRANSPORT: Der Riegel kann in Quadrate oder kleine Riegel geschnitten werden, die zum Mitnehmen in eine Dose oder eine Tüte verpackt werden können.

ANTI-HEISSHUNGER RIEGEL MIT MÜSLI UND ÖLSAATEN

❖ ❖ ❖ ❖ ❖ ❖ ❖ ❖ ❖ ❖ ❖ ❖ ❖ ❖ ❖

Vorsicht Heißhunger! Mit diesem köstlichen Energieriegel geben Sie weder dem kleinen Hunger zwischendurch noch dem plötzlichen Bärenhunger eine Chance! Vorzugsweise bereiten Sie ihn am Sonntag in Ruhe zu, um unter der Woche jederzeit kleine Riegel, ähnlich wie einfache Kekse, griffbereit zu haben. Übrigens: diese Häppchen sind auch ein ausgezeichneter Imbiss zu Ihrem Tee.

Für 8–10 Riegel • Zubereitung: 20 Minuten • Backzeit: 20 Minuten

ZUTATEN

2 EL Leinsamen (hell) • 2 TL Apfelkraut (oder Ahornsirup) • 100 g Kascha (gerösteter Buchweizen)
150 g selbst gemachtes Müsli (S. 50) • 2 EL Zimt, gemahlen • 1 EL Mohnsamen

ZUBEREITUNG

- Leinsamen und Apfelkraut mit 100 ml heißem Wasser übergießen und 10 Minuten stehen lassen. Pürieren.
- Die Kascha zu Mehl mahlen. Dieses Mehl, das Müsli und den Zimt in eine Schüssel geben. Mischen. In der Mitte eine Mulde machen. Die flüssige Mischung hineingeben. Aus der Masse eine Kugel formen. Wenn nötig, etwas lauwarmes Wasser zugeben.
- Ein Blech mit Backpapier auslegen. Aus der Masse Cookies formen und auf das Backpapier legen. Die Oberfläche der Cookies mit Mohnsamen bestreuen.
- In den Ofen schieben und 20 Minuten bei 200 °C backen.
- Aus dem Ofen nehmen und mit dem Papier auf einem Rost abkühlen lassen. Vom Backpapier lösen.

AUFBEWAHRUNG: Die Riegel sind, lichtgeschützt und bei Raumtemperatur in einer dicht verschließbaren Dose gelagert, eine Woche haltbar.

TRANSPORT: Die Riegel können zum Mitnehmen in eine Dose oder in eine Tüte verpackt werden.

KINDEREI
CRÊPERIEGEL
MIT BANANEN
GESCHMACK

◇ ◇ ◇ ◇ ◇ ◇ ◇ ◇ ◇ ◇ ◇ ◇ ◇ ◇ ◇

Nach einem herrlichen Tag am Strand, den Blick dem Sonnenuntergang über dem Atlantischen Ozean zugewandt, fühlten wir uns in unsere Kindheit zurückversetzt und haben uns einen Riegel nach Crêpe-Art ausgedacht. Er ist aus einem Crêpeteig mit Bananengeschmack, der ein bisschen an ein *Cannelé* (berühmtes Gebäck aus Bordeaux mit einem weichen Teig und einer karamellisierten Kruste) erinnert, und hat eine feste und gleichzeitig zartschmelzende Konsistenz. Schnell in den Rucksack gesteckt ist dieser Riegel eine tolle Alternative zum gewohnten Pausen-Snack. Sie können ihn auch Ihren Kindern verbieten und Ihr eigenes Frühstück damit aufbessern. Das ist zwar nicht nett, aber der Riegel ist einfach zu gut, um auf ihn zu verzichten.

───────────●───────────

Für 1 Riegel • Zubereitung: 15 Minuten • Backzeit: 20 Minuten

ZUTATEN
1 Banane • 4 entkernte Trockenpflaumen • 1 EL Cashewmus • 100 ml Reisdrink • 100 g Haferflocken
20 g Kascha oder Knuspermüsli

───────────●───────────

ZUBEREITUNG
- Die Banane und die Trockenpflaumen mit dem Cashewmus und dem Reisdrink pürieren.
- Die Haferflocken zu Mehl mahlen. In eine Schüssel geben. Die flüssige Bananen-Mischung dazugeben. Mischen. Die Masse zugedeckt 10 Minuten rasten lassen.
- Die Masse in eine rechteckige Form geben. Die Oberfläche glatt streichen. Mit einer dünnen Schicht Kascha oder Knuspermüsli bedecken (leicht andrücken).
- In den Ofen schieben und 20 Minuten bei 180 °C backen.
- Aus dem Ofen nehmen und auf einem Rost auf Zimmertemperatur abkühlen lassen.

AUFBEWAHRUNG: Der Riegel ist einige Tage in einer dicht verschlossenen Dose im Kühlschrank haltbar.

TRANSPORT: Nach einer Nacht im Kühlschrank in kleine Riegel oder in Würfel schneiden. Zum Mitnehmen in eine Dose oder in eine Tüte verpacken.

SCHOKOLADE
MEDAILLE

◇ ◇ ◇ ◇ ◇ ◇ ◇ ◇ ◇ ◇ ◇ ◇ ◇ ◇ ◇ ◇ ◇

Nach einer Anstrengung haben wir das Recht, uns mit etwas Süßem ein bisschen zu verwöhnen. Dieser Riegel ist eine richtige Belohnung zum Essen. Er ist inspiriert von den *flapjacks* oder *mueslibars* (Müsliriegel), die man zum Frühstück in ein bisschen Milch taucht oder die die Kinder für die Pause mitnehmen. Die Schokolade-Medaille kann auch als Snack nach dem Sport genossen werden oder ganz einfach nach einem harten Arbeitstag. Die Menge Kakao, die Sie verwenden, bleibt ganz Ihrem persönlichen Geschmack überlassen.

———————————— ● ————————————

Für 8–10 Medaillen • Zubereitung: 15 Minuten • Backzeit: 20 Minuten

ZUTATEN
150 g Müsli • 1 EL Kakaopulver • 100 g entkernte Trockenpflaumen

———————————— ● ————————————

ZUBEREITUNG
- Den Ofen auf 180 °C vorheizen.
- Das Müsli und den Kakao in einer Schüssel vermischen.
- Die Trockenpflaumen mit 50 ml Wasser pürieren. Über die trockene Mischung in der Schüssel geben. Mischen.
- Ein Blech mit Backpapier auslegen. Mit einem Dessertring Quadrate formen, bis die Masse aufgebraucht ist: den Dessertring dafür auf das Backpapier setzen und ca. 2 cm hoch mit der Masse füllen. Andrücken und die Oberfläche glatt streichen. Dessertring entfernen.
- In den Ofen schieben und 20 Minuten bei 160 °C backen.
- Aus dem Ofen nehmen und auf einem Rost abkühlen lassen.

AUFBEWAHRUNG: Die Medaillen sind in einem dicht verschließbaren Behälter bei Zimmertemperatur und dunkel gelagert eine Woche haltbar.

TRANSPORT: Die Medaillen können zum Mitnehmen in ein Backpapier eingewickelt und in eine Tüte verpackt werden.

REISWAFFELN MIT SCHOKOLADE ÜBERZUG

Wir verraten Ihnen hier das Geheimnis für die Zubereitung selbst gemachter, mit Schokolade überzogener Reiswaffeln. Sie können dafür Ihre Lieblingsschokolade wählen oder eine Schokoladenglasur mit etwas Hafer- oder Mandelcreme für einen noch reichhaltigeren Überzug. Der Geheimtipp, damit die Reiswaffeln beim Überziehen mit der geschmolzenen Schokolade nicht aufweichen, ist, sie vorher ins Gefrierfach zu geben. Wenn Sie dem Ganzen noch einen Hauch Raffinesse verleihen möchten, bestreuen Sie die glasierten Reiswaffeln mit Kokosraspeln.

Für 4 Waffeln • Wartezeit: 2 Stunden im Gefrierschrank und 1 Stunde im Kühlschrank • Zubereitung: 15 Minuten • Ohne Backen

ZUTATEN
4 Reiswaffeln (Bio-Qualität und ohne Salz) • 50 g dunkle Schokolade 70 % (oder mehr)
Optional: 2 EL Kokosraspel

ZUBEREITUNG
- Die Reiswaffeln in einem luftdicht verschließbaren Beutel für mindestens 2 Stunden ins Gefrierfach legen.
- Die Schokolade über einem Wasserbad schmelzen.
- Die Reiswaffeln aus dem Gefrierfach nehmen.
- Eine Waffel nehmen und mit einer Seite in die Schokolade tauchen. Mit der nicht überzogenen Seite nach unten auf einem Rost trocknen lassen. Die Schokoladenseite (wenn gewünscht) mit Kokosraspeln (Kokosette) bestreuen. Mit den anderen Reiswaffeln den Vorgang wiederholen.
- Die Reiswaffeln in den Kühlschrank geben (1 Stunde), damit die Schokolade fest wird.

AUFBEWAHRUNG: Die Reiswaffeln sind in einem gut verschließbaren Behälter im Kühlschrank einige Tage haltbar.

TRANSPORT: Die Reiswaffeln zum Mitnehmen in eine luftdicht verschließbare Dose verpacken.

ZARTSCHMELZENDER RIEGEL MIT MANDELMUS

◇ ◇ ◇ ◇ ◇ ◇ ◇ ◇ ◇ ◇ ◇ ◇ ◇ ◇ ◇ ◇

Dieser weiche Riegel ist ein richtiges „Soulfood" zur Teestunde oder zum Dessert. Datteln und Mandelmus geben ihm eine fast schmelzende Konsistenz. Mit seinem köstlich-süßen Geschmack schenkt er uns ein bisschen Geborgenheit in einer nicht immer so warmherzigen Welt. Im Regen, in der Kälte oder am Tag eines Streiks, wenn das Vorankommen zum Abenteuer wird, wärmt er mit einem Becher eines heißen Getränks unsere Hände und unser Herz.

───────────●───────────

Für 1 geformten Riegel zum Aufschneiden • Zubereitung: 15 Minuten • Backzeit: 30 Minuten

ZUTATEN

100 g Reis (oder roter Reis) • 2 EL Leinsamen • 1 Orange • 50 g Datteln • 100 ml Reisdrink
1 EL Mandelmus

───────────●───────────

ZUBEREITUNG

- Den Ofen auf 180 °C vorheizen.
- Den Reis und die Leinsamen mahlen. In eine Schüssel geben. Die Schale der Orange darüberreiben. Den Orangensaft dazugeben.
- Die Datteln mit dem Reisdrink und dem Mandelmus pürieren. In die Schüssel geben. Gut vermischen, um eine homogene Masse zu erhalten.
- Die Masse in eine rechteckige Form geben.
- In den Ofen schieben und 30 Minuten bei 180 °C backen.
- Die Form aus dem Ofen nehmen. Abkühlen lassen.
- Riegel aus der Form nehmen und in kleine Riegel oder Quadrate schneiden.

TIPP: Wenn der Riegel auf Zimmertemperatur abgekühlt ist, in der Form für einige Stunden in den Kühlschrank geben (idealerweise über Nacht), damit er fest wird, bevor er aus der Form gelöst und in Stücke geschnitten wird.

AUFBEWAHRUNG: Dieser Riegel ist 3–4 Tage in einer dicht schließenden Dose im Kühlschrank haltbar.

TRANSPORT: Zum Mitnehmen den Riegel in einen gut verschließbaren Behälter oder in eine Tüte verpacken.